Je m'appelle Maryam

Linus

Maryam Madjidi
illustré par Claude K. Dubois

Je m'appelle
Maryam

Worterklärungen von Marie Cravageot

Ernst Klett Sprachen
Stuttgart

Liebe Schülerin, lieber Schüler,

hast Du schon einmal ein „echtes" französisches Buch gelesen?

Ja? Dann hast Du schon ein paar Erfahrungen gesammelt und bestimmt gemerkt, dass Bilder, Kapitelüberschriften usw. wichtige Hilfen beim Verstehen eines Textes sein können.

Nein? Dann laden wir Dich ein, jetzt durchzustarten! Maryam Madjidi erzählt Dir in diesem Buch ihre eigene Geschichte: wie sie ihr Heimatland, den Iran, als Kind verlassen hat, und welche Erfahrungen sie nach ihrer Ankunft in Frankreich gemacht hat. Für Dich hat Maryam Madjidi ihren Text sogar auch vorgelesen.

Um zum Hörbuch direkt zu gelangen, kannst Du entweder die Klett Augmented App (siehe unten) nutzen, oder folgenden Online-Code **3vhm25p** im Suchfeld auf www.klett-sprachen.de eingeben.

Im Anhang dieses Buches findest Du außerdem noch weitere Hilfen:

> Eine **Sammlung mit allen unregelmäßigen Verben**, die in der Geschichte vorkommen. Das ist hilfreich, wenn Du selber über die Geschichte und deren Themen schreiben oder sprechen möchtest.

> Und wenn Du noch mehr über Maryam Madjidi erfahren möchtest, findest Du dort eine kurze und leicht verständliche **Biografie**.

Wir empfehlen Dir parallel zu Deiner Lektüre ein eigenes persönliches *carnet de lecture* anzulegen. Wie das geht und was Du damit machen kannst, kannst Du nachlesen, in dem Du dieses Vorwort mit der Klett Augmented App einscannst.

Und jetzt wünschen wir Dir viel Spaß beim Lesen oder – wie man auf Französisch sagt – *bonne lecture!*

Dein Redaktionsteam

 Zu diesem Buch gibt es Audios, die mit der Klett-Augmented-App geladen und abgespielt werden können.

| Klett-Augmented-App kostenlos downloaden und öffnen | Bilderkennung starten und Seite mit **diesem Symbol** scannen | Medien laden, direkt nutzen oder speichern |

 Scannen Sie diese Seite für weitere Komponenten zu diesem Titel.

Inhaltsverzeichnis

Je m'appelle Maryam

En plus

Maryam ne joue pas

Maryam doit quitter le pays où elle est née.

Le père et la mère de Maryam ont décidé de quitter le pays où ils sont nés.

Ils doivent partir ailleurs pour vivre librement, pour vivre sans avoir peur de l'avenir.

---

décider de faire qc beschließen, etw zu tun – ailleurs [ajœʀ] an einem anderen Ort, woanders – vivre leben – librement → libre (frei) – l'avenir m die Zukunft

Maryam est triste : elle ne veut pas se séparer de sa grand-mère qu'elle aime tant.

Sa grand-mère ne vient pas avec eux car elle a choisi de rester dans le pays où elle est née.

se séparer de qn ≠ rester avec qn – tant [tɑ̃] so sehr

Quelques semaines avant de partir, la maman de Maryam l'appelle et lui dit :

— On ne peut pas emporter tes jouets avec nous. Tu vas les donner aux enfants qui jouent dans notre rue.

---

emporter prendre – **un jouet** un jeu → jouer

– Mais je veux pas donner mes jouets. Je veux les <u>emporter</u> avec moi. *mitnehmen*

– On ne peut pas, on n'a pas assez de place dans nos valises, et puis c'est beau de donner.

– Non, je suis obligée de donner, c'est pas la même chose.

être obligé, obligée de faire qc etw tun müssen; verpflichtet sein, etw zu tun – ce n'est pas la même chose *expr* das ist nicht dasselbe *wiederholen*

– Je te le répète : on n'a pas de place dans nos valises pour tes jouets.

Maryam observe les deux grandes valises posées dans le salon.
stellen

C'est vrai qu'elles sont déjà bien remplies. Pleines *voll* de vête- ments, de chaussures, de cadeaux que la famille leur a faits avant le départ et de confiseries qu'ils ne trouveront peut-être pas là où ils vont. *die sie vielleicht nicht finden, wo sie dann wohnen*

Il n'y a pas de place pour ses jouets, ses poupées, ses peluches.

---

observer qn/qc jdn/etw beobachten – **rempli, remplie** voll – **des confiseries** *fpl* Süßigkeiten – **une peluche** [p(ə)lyʃ] Plüschtier

Elle est dans sa chambre et elle rassemble autour d'elle ses poupées qu'elle aime tant.

Elle leur parle :

– Ne vous inquiétez pas, personne ne nous séparera. On va rester là ensemble et je vous raconterai des histoires et quand ce sera la nuit, je vais faire un trou dans la terre au pied de l'arbre et je vous cacherai là. Plus tard, je reviendrai vous chercher et on jouera à nouveau ensemble.

Elle ouvre alors un livre et raconte une histoire à ses poupées qui la regardent sans rien dire.

erzählen

wenn es Nacht wird

am Fuß des Baum

zurückkommen

werde spielen

ohne etwas zu sagen

---

rassembler versammeln – **autour de qn/qc** um jdn/etw herum – **ne vous inquiétez pas** macht Euch keine Sorge – **personne ne …** niemand – **séparer** trennen – **faire un trou dans la terre** ein Loch in die Erde graben – **cacher qn/qc** jdn/etw verstecken – **à nouveau** wieder

Mais jour après jour, une par *einer nach dem anderen* une, les poupées vont des mains *durch die Hände gehen* de Maryam aux mains des autres enfants. Un par un, *einer nach dem anderen* les jouets disparaissent de la chambre de la petite fille.

jour après jour Tag für Tag – **disparaître** verschwinden

À la veille de son départ, il ne reste plus aucun jouet dans sa chambre. Chacune de ses poupées vit désormais une nouvelle vie dans les bras d'un autre enfant.

---

la veille le soir d'avant – ne … (plus) aucun kein/keine/keines mehr – chacun, chacune jeder/jede/jedes – vivre leben – désormais nunmehr

Un matin, Maryam prend
l'avion et elle arrive dans un
nouveau pays.

Flugzeug

Elle arrive Ici.

Ici : c'est le pays où elle vit, c'est le pays où nous sommes.

Là-bas : c'est le pays où elle est née, c'est le pays qu'elle a quitté.

Avec ses parents, ils habitent un tout petit appartement. La nouvelle chambre de Maryam est vide. Dans sa chambre, il n'y a aucun jouet. Et dans son cœur, il y a un autre grand vide : ses poupées lui manquent.

Ses parents lui ont promis de lui acheter de nouvelles poupées bientôt.

---

vide leer – qc manque à qn etw fehlt jdm, jdn vermisst etw –
promettre qc à qn jdm etw versprechen

Elle attend impatiemment mais pour le moment, elle n'a pas de jouets.

Alors elle ne joue pas.

impatiemment [ɛ̃pasjamɑ̃] voller Ungeduld

Maryam ne parle pas

Maryam ne parle pas mais elle a de grands yeux noirs qui observent le monde. *die welt*

Dans sa tête, deux langues parlent sans cesse en même temps.

Sa tête est énorme et lourde à porter avec ces deux langues qui se chamaillent à l'intérieur. *enorm*

---

sans cesse [sɑ̃sɛs] toujours, sans pause – **en même temps** gleichzeitig – **lourd, lourde** schwer – **se chamailler** [ʃamaje] se disputer (sich zanken) – **à l'intérieur** drinnen

Laquelle choisir?

Maryam ne sait pas. Alors elle
se tait.

leise

Maryam vient de Là-bas.

Là-bas, on parle une autre
langue.

---

se taire ne rien dire, ne pas parler

Elle est venue habiter Ici.

Ici, on parle une autre langue.

À l'école, elle apprend une nouvelle langue que ses parents ne connaissent pas.

C'est la langue d'Ici.

Elle n'ose pas encore parler cette langue en classe car elle a peur de faire des erreurs de grammaire, de conjugaison, toutes les règles de la langue d'Ici que sa maîtresse lui apprend.

Alors, assise sur sa chaise, elle se fait toute petite et se tait, mais elle mémorise toutes les leçons dans sa tête.

---

connaître kennen – **oser** wagen – **une erreur** [ɛʀœʀ] une faute – **une maîtresse** Grundschullehrerin – **mémoriser** speichern – **une leçon** Lektion, Unterrichtsstunde

À la maison, avec ses parents, elle parle une autre langue que ses amis de l'école ne connaissent pas.

C'est la langue de Là-bas.

Quand sa mère vient la chercher à la sortie de l'école, elle lui parle dans la langue de Là-bas, et la petite Maryam n'aime pas ça. Elle observe les autres parents et les autres enfants. Eux, ne parlent pas une autre langue que la langue d'Ici. Les parents parlent dans la même langue à leurs enfants que la maîtresse de l'école.

---

eux [ø] ils

Maryam, au fond d'elle, a un peu honte de la langue de sa mère. Elle voudrait que sa mère lui parle dans la langue de l'école. Elle ne veut pas être différente des autres.

---

au fond d'elle tief in ihrem Inneren – avoir °honte [ˈɔ̃t] sich schämen

Elle a peur qu'on se moque
d'elle et de cette langue que seuls
son père, sa mère et elle-même
parlent.

Alors, elle a l'impression que
sa tête est comme un gros ballon
dans lequel les deux langues
frappent.

Et boum elle roule de la langue
d'Ici à la langue de Là-bas.

Et boum de la langue de l'école
à la langue de la maison.

Parfois, elle a l'impression aussi
que les deux langues jonglent
avec elle.

Elle est balancée en l'air et a
peur de tomber par terre et de se
faire mal si l'une des deux langues
la lâche.

---

avoir l'impression que den Eindruck haben, dass … – frapper
schlagen – rouler rollen – balancer en l'air hochwerfen – par
terre auf dem Boden – se faire mal sich verletzten – lâcher qn/
qc jdn/etw loslassen

Et hop là elle est jetée en l'air
et va de la langue de la maison à
la langue de l'école.

Et hop là de la langue d'Ici à la
langue de Là-bas.

---

jeter en l'air balancer en l'air (hochwerfen)

Elle voudrait avoir les pieds sur terre et la tête sur les épaules. Mais cette tête est si lourde à porter.

Elle voudrait que les deux langues se taisent et cessent de l'embêter. <small>mund halten</small>

Mais laquelle choisir ?

Maryam ne sait pas.

Alors elle ne parle pas.

---

avoir les pieds sur terre *expr* mit beiden Beinen fest auf der Erde stehen – avoir la tête sur les épaules *expr* vernünftig sein – lourd, lourde schwer – cesser de faire qc arrêter de faire qc (aufhören, etw zu tun) – embêter qn jdn ärgern

Maryam ne mange pas

À la cantine, elle n'aime pas les plats qu'on lui sert. Ces plats sont totalement inconnus pour elle.

Le steak est saignant, le fromage sent mauvais, et le riz de la cantine ne ressemble pas du tout au riz de sa maman.

ähneln

---

servir un plat ein Gericht servieren – **totalement** → total (völlig) – **inconnu** qu'elle ne connait pas – **saignant** blutig – **sentir mauvais** schlecht riechen – **le riz** [Ri] Reis

servir qu à qn

La première fois qu'elle a vu dans son assiette le morceau de viande saignante, elle a eu si peur ! Jamais elle ne mangera cette viande.

On lui sert parfois aussi une purée orange bizarre. C'est de la

---

un morceau Stück – **une purée** Brei – **bizarre** komisch

purée de carottes. <u>Elle n'a jamais</u>
<u>mangé une chose pareille</u>.

Jamais elle ne mangera cette
purée.

Dans son ventre, elle veut les
plats de Là-bas.

Les plats délicieux de sa grand-
mère et de sa mère.

---

une chose pareille [paʀɛj] quelque chose comme ça

À la maison, elle dévore les plats de sa maman.

La viande est découpée en petits morceaux et mijote dans une sauce délicieuse. Le fromage ne sent pas mauvais, il a une douce odeur de chèvre. Le riz est parfumé et fond dans la bouche. Miam, elle adore ça et elle en redemande !

dévorer manger avec appétit (verschlingen) – découpé, découpée geschnitten – mijoter köcheln – une douce odeur ici : angenehmer/lieblicher Geruch – du fromage de chèvre Ziegenkäse – fondre dans la bouche im Mund zergehen – redemander demander encore une fois

Et puis à la cantine, elle ne comprend pas pourquoi il y a d'abord une entrée, puis un plat, puis du fromage puis un dessert. C'est long et c'est pas bon.

À la maison, il n'y a qu'un seul plat accompagné de yaourt ou de salade. C'est tout. C'est rapide et c'est bon.

Elle ne comprend pas non plus pourquoi on mange du fromage à la fin du repas.

Dans sa maison et dans son pays, Là-bas, on mange du fromage au petit déjeuner, avec du thé.

---

rapide schnell

Elle a décidé de ne plus manger la nourriture d'Ici. Mais tout
le monde l'oblige à manger.

Les autres enfants se moquent
d'elle. Ils lui disent : Mais mange !
Arrête de faire ton intéressante !

---

décider de faire qc beschließen, etw zu tun – **obliger qn à
faire qc** jdn verpflichten, etw zu tun; jdn zwingen, etw zu tun –
faire son intéressant, intéressante angeben

Les dames qui travaillent à la cantine lui disent: Mais mange! Sinon tu ne vas pas grandir!

Sa maîtresse lui dit: Mais mange voyons, tu en as besoin, essaie au moins, tu vas peut-être aimer!

sinon anderfalls, sonst – **grandir** wachsen – **voyons** komm
schon – **au moins** zumindest

Et la petite Maryam se répète
tout bas : Je ne mangerai pas, je
ne mangerai pas, je ne mangerai
pas.

Elle se sent bien seule.

---

tout bas leise – **se sentir** sich fühlen – **bien** *ici :* sehr

Elle a l'impression qu'une épaisse bulle de solitude la rend invisible aux yeux des autres enfants.

« Personne ne me voit », pense-t-elle.

avoir l'impression que den Eindruck haben, dass … – une épaisse bulle de solitude eine dicke Blase der Einsamkeit – rendre qn invisible jdn unsichtbar machen – personne ne … niemand

Et puis un jour, à la récréation du matin, Maryam entend une petite voix :

— Comment tu t'appelles ?

La même voix répète :

— Comment tu t'appelles ?

Maryam voit une petite fille
debout devant elle. Elle lui sourit.
Elle a les yeux doux et les cheveux
roux.

— Mais réponds-moi ! Com-
ment tu t'appelles ? T'as perdu ta
langue ?

— Je m'appelle Maryam.

---

sourire à qn jdn zulächeln – doux, douce sanft – t'as fam tu
as – la langue ici : Zunge

Maryam n'est plus seule

Et depuis ce jour, petit à petit, *Maryam parle.*

Elle parle la langue d'Ici à l'école et la langue de Là-bas à la maison.

Petit à petit, les deux langues ne jonglent plus avec elle mais c'est elle, qui joue et jongle avec ses deux langues. Elle passe d'une langue à l'autre comme un colibri

wie ein Kolibri

---

petit à petit nach und nach

43

passe de la branche d'un arbre à une autre. *Baum*

À côté d'elle, dans la classe, est assise la petite fille aux yeux doux et aux cheveux roux.

Elles apprennent ensemble.

---

passer de … à … aller de … à … – **une branche** Ast

Et depuis ce jour, petit à petit, Maryam mange à la cantine.

Au début, un petit morceau puis un autre, parfois la moitié de l'entrée ou juste le dessert et petit à petit le plat entier et finalement l'entrée, le plat, le laitage et le dessert.

À côté d'elle, à la cantine, est assise la petite fille aux yeux doux et aux cheveux roux.

Elles mangent ensemble.

---

une moitié eine Hälfte – **finalement** → final (schließlich) –
un laitage → le lait, un yaourt ou du fromage

Et depuis ce jour, petit à petit, Maryam joue.

Elle n'attend plus de retrouver ses poupées de Là-bas ni d'en recevoir de nouvelles.

Elle joue avec tout ce qu'elle trouve : des pierres, des billes, des feuilles, du sable.

---

une bille [bij] Murmel – **une feuille** [fœj] Blatt

Elle joue avec les autres enfants dans la cour de récréation.

Elle court, bondit, grimpe, se cache, rit et saute sur le banc sur lequel elle s'était assise pendant des heures durant les récréations avant.

---

courir rennen – **bondir** sauter – **grimper** klettern – **se cacher** sich verstecken – **rire** lachen – **sur lequel** worauf – **durant** pendant

<u>À côté</u> d'elle, dans la cour de récréation, court la petite fille aux yeux doux et aux cheveux roux.

Elles jouent ensemble.

Et <u>voici</u> que Maryam court <u>vers</u> un petit garçon et lui demande <u>en souriant</u> :

— Moi, je m'appelle Maryam. Et toi, comment tu t'appelles ?

en souriant avec un sourire

Un peu de grammaire ! – Les verbes réguliers et irréguliers dans *Je m'appelle Maryam*

Leur conjugaison

partir[1] (gehen)
je pars
tu pars
il/elle/on part
nous partons
vous partez
ils/elles partent
passé composé : je suis parti, e

courir (rennen, laufen)
je cours
tu cours
il/elle/on court
nous courons
vous courez
ils/elles courent
passé composé : j'ai couru

dire[2] (sagen)
je dis
tu dis
il/elle/on dit
nous disons
vous dites
ils/elles disent
passé composé : j'ai dit

rire[3] (lachen)
je ris
tu ris
il/elle/on rit
nous rions
vous riez
ils/elles rient
passé composé : j'ai ri

devoir (müssen)
je dois
tu dois
il/elle/on doit
nous devons
vous devez
ils/elles doivent
passé composé : j'ai dû

voir (sehen)
je vois
tu vois
il/elle/on voit
nous voyons
vous voyez
ils/elles voient
passé composé : j'ai vu

---

1 → *regelmäßige Verben auf –ir ; auch : sortir, dormir*
2 → *interdire (untersagen, verbieten)*
3 → *sourire (lächeln)*

connaitre[4] **(kennen)**
je connais
tu connais
il/elle/on connait
nous connaissons
vous connaissez
ils/elles connaissent
passé composé : j'ai connu

venir[5] **(kommen)**
je viens
tu viens
il/elles/on vient
nous venons
vous venez
ils/elles viennent
passé composé : je suis venu, e

s'asseoir (sich setzen)
je m'assieds
tu t'assieds
il/elle/on s'assied
nous nous asseyons
vous vous asseyez
ils/elle s'asseyent
passé composé : je me suis
    assis, e

oder

je m'assois
tu t'assois
il s'assoit
nous nous assoyons
vous vous assoyez
ils/elles s'assoient
passé composé : je me suis
    assis, e

---

4 → *disparaitre (verschwinden)*
5 → *revenir (zurückkommen)*

Qui est Maryam Madjidi ?

> Si j'étais un souvenir d'enfance, je serais un pique-nique en famille sur les montagnes de l'Elbourz qui est une chaîne de montagnes à Téhéran. C'est un vrai souvenir d'enfance et on y allait avec mes cousins, cousines, mes oncles et tantes et je garde un souvenir radieux de cette époque-là.

Tu veux en savoir plus sur Maryam, alors regarde sa vidéo en scannant la page avec l'appli Klett Augmented !

2 **une montagne** Gebirge – 4 **garder qc en souvenir** → se souvenir de qc –
7 **radieux, radieuse** herrlich

Maryam Madjidi est née en 1980 à Téhéran. Elle a quitté
l'Iran à l'âge de 6 ans pour vivre à Paris, puis à Drancy.
Aujourd'hui, elle enseigne le français à des mineurs
étrangers isolés, après l'avoir enseigné à des collégiens
et lycéens de banlieue, puis des beaux quartiers, des   5
handicapés moteur et psychiques, des étudiants chinois
et turcs, et des détenus.

Je m'appelle Maryam est son premier roman pour la
jeunesse.

Pour son roman *Marx et la poupée*, Maryam Madjidi a   10
reçu le prix Goncourt du premier roman et le Prix du roman
Ouest-France Étonnants Voyageurs.

---

3 **enseigner** unterrichten – 3 **un mineur, une mineure** ein Minderjähriger, eine
Minderjährige – 4 **étranger** ausländisch – 5 **une banlieue** Vorort – 5 **les beaux
quartiers** wohlhabende Wohngegend – 6 **un handicapé, une handicapée
moteur** motorisch behinderte(r) – 6 **un étudiant, une étudiante** Student, in –
7 **un détenu, une détenue** Gefangene(r) – 8 **la jeunesse** Jugend – 11 **recevoir
un prix** eine Auszeichnung bekommen

La liste des abréviations

≠	antonyme de
→	mot de la même famille
etw	etwas
expr	expression
f	féminin
fpl	féminin pluriel
fam	familier
jdm	jemandem
jdn	jemanden
m	masculin
mpl	masculin pluriel
qc	quelque chose
qn	quelqu'un

forcer qn de faire qc = jmd zwingen etwas zu tun

déménager = umziehen

déménagement = der Umzug

pleurer = weinen

être heureux t-se = glücklich sein

oser faire qc = ~~sich~~ etwas wagen